地《じ》獄《ごく》に堕《お》ちないための言《こと》葉《ば》

①

信仰心《しんこうしん》なき者《もの》に、良《よ》き未来《みらい》はない。

②

自分《じぶん》の心《こころ》が、現象化《げんしょうか》したものが、地獄《じごく》だ。

③

霊《れい》を否定《ひてい》する者《もの》こそ、金《かね》の亡者《もうじゃ》だ。

④

この世《よ》の机《つくえ》とか、肩《かた》書《が》きを取《と》り除《のぞ》いたあなたは、一《いっ》体何者《たいなにもの》か。

⑤

あなたの心《こころ》の中《なか》の日記帳《にっきちょう》が、閻魔帳《えんまちょう》に転載《てんさい》されるのだ。

⑥

地獄《じごく》には、犯罪者《はんざいしゃ》の権化《ごんげ》のような、罰《ばっ》せられている鬼《おに》と、仏法護持《ぶっぽうごじ》をしている鬼《おに》とがいるのだ。後者《こうしゃ》は仏《ほとけ》の御使《みつか》いである。

⑦

仏教《ぶっきょう》では、地獄《じごく》も、仏法真理《ぶっぽうしんり》、因果《いんが》の理法《りほう》が張《は》り巡《めぐ》らされていると考《かんが》えるのだ。

⑧

善因善果《ぜんいんぜんが》、悪因悪果《あくいんあくが》は、この世《よ》で実現《じつげん》する方《ほう》がよい。それが完結《かんけつ》しない世《よ》の中《なか》となると、地獄界《じごくかい》が増大《ぞうだい》する。

⑨

実在《じつざい》世界《せかい》の法則《ほうそく》は、与《あた》える者《もの》は与《あた》えられ、奪《うば》う者《もの》は奪《うば》われるということである。

⑩

だから、与《あた》える愛《あい》で損《そん》をする者《もの》はなく、他人《ひと》を騙《だま》して、奪《うば》って得《とく》をする者《もの》はないのである。

⑪

男女《だんじょ》の愛《あい》も、仏法真理《ぶっぽうしんり》から見《み》ると、「与《あた》えた」か、「奪《うば》った」かで、天国地獄《てんごくじごく》が分《わ》かれる。

⑫

血《ち》の池《いけ》地獄《じごく》は今《いま》も存在《そんざい》する。動物的《どうぶつてき》本能《ほんのう》が勝《まさ》って、
自制心《じせいしん》や、本物《ほんもの》の愛《あい》が敗《やぶ》れた場合《ばあい》に往《ゆ》くのだ。

⑬

血《ち》の池《いけ》地獄《じごく》に往《ゆ》かぬためには、『白骨観《はっこつかん》』をするとよい。相手《あいて》が白骨《はっこつ》となっても、あなたはその魂《たましい》を愛《あい》せるか。

⑭

血《ち》の池《いけ》地《じ》獄《ごく》は、初級者《しょきゅうしゃ》の地獄《じごく》である。ここから出《で》られない人《ひと》は、性犯罪者《せいはんざいしゃ》として悪質《あくしつ》な者《もの》である。

⑮

血《ち》の池《いけ》地獄《じごく》で試《ため》されているのは、「おまえの本質《ほんしつ》は、人間《にんげん》か、それとも動物《どうぶつ》か。」ということである。

⑯

「動物性《どうぶつせい》が極《きわ》めて強《つよ》い」と判定《はんてい》されると、次《つぎ》は、「畜《ちく》生道《しょうどう》」・「動物界《どうぶつかい》」という地獄《じごく》に送《おく》られる。

⑰

「畜生道《ちくしょうどう》」では、体《からだ》は動物《どうぶつ》と同《おな》じとなるが、時々《ときどき》、顔《かお》は、人間時代《にんげんじだい》の顔《かお》にブレて見《み》える。

⑱

怠《なま》け者《もの》は、重《おも》い荷《に》を背負《せお》いて、延々《えんえん》と迷路《めいろ》のような
山道《やまみち》を歩《ある》き続《つづ》けるやせ馬《うま》となる。

⑲

攻撃性《こうげきせい》の強《つよ》かった者《もの》は、猛獣《もうじゅう》の姿《すがた》となるが、殺生《せっしょう》の空《むな》しさを悟《さと》るまで、他《た》の動物《どうぶつ》を襲《おそ》い続《つづ》ける。

⑳

食《た》べられる側《がわ》の草食獣《そうしょくじゅう》や、小動物《しょうどうぶつ》は、恐怖《きょうふ》を味《あじ》わい続《つづ》ける。時々《ときどき》、「憲法九条《けんぽうきゅうじょう》」と刻印《こくいん》されたシマウマまで目撃《もくげき》される。（迷彩柄《めいさいがら》で身《み》を護《まも》ろうとしているのだ。）

㉑

臆病《おくびょう》すぎて、仕事《しごと》もできず、家庭《かてい》も護《まも》れなかった者《もの》は、ウサギのように、ピョンピョンと逃《に》げ回《まわ》っている。

㉒

キャー、キャー、ギャー、ギャーと騒《さわ》ぐだけで何《なん》ら世《よ》の中《なか》に貢献《こうけん》なき者《もの》は、猿《さる》のような姿《すがた》となって群《む》れている。（バカ・ミュージックのミーハーファンなど。）

㉓

掃除《そうじ》、洗濯《せんたく》、整理整頓《せいりせいとん》ができず、不潔《ふけつ》だった者《もの》は、汚泥《おでい》の中《なか》で、豚《ぶた》のようにころげ回《まわ》っている。

㉔

元《もと》・女優霊《じょゆうれい》が、下着《したぎ》を洗《あら》わず積《つ》み上《あ》げ、使用済《しようず》み生理《せいり》用品《ようひん》も積《つ》み上《あ》げて、家《うち》を汚《きた》なくしていた姿《すがた》まで、一瞬《いっしゅん》見《み》て取《と》れた。（もちろん糞《ふん》まみれの豚《ぶた》の姿《すがた》である。）

㉕

夜《よ》な夜《よ》な悪事《あくじ》を働《はたら》きに出撃《しゅつげき》していた男女《だんじょ》が、山犬《やまいぬ》になって駆《か》けているのを見《み》た。

㉖

生前《せいぜん》、情事《じょうじ》、酒《さけ》、麻薬《まやく》、覚醒剤《かくせいざい》などに溺《おぼ》れていた者《もの》が、蛇《へび》の姿《すがた》になって、地《ち》をはいながら、何十体《なんじゅったい》もからみあっている姿《すがた》を見《み》た。

㉗

生前《せいぜん》、水商売《みずしょうばい》や賭《か》け事《ごと》、性《せい》を売《う》り買《か》いする商売《しょうばい》をしていた男《おとこ》たちや、女《おんな》たちが、狐《きつね》の姿《すがた》になっているのをたくさんみた。

㉘

地獄狐《じごくぎつね》のうち、悪賢《わるがしこ》いやつが、悪質《あくしつ》な霊能者《れいのうしゃ》や教祖《きょうそ》に取《と》り憑《つ》いて、仲間《なかま》を増《ふ》やしているのを見《み》た。

㉙

生前《せいぜん》、人《ひと》の生《い》き血《ち》を吸《す》うような仕事《しごと》をやっていた者《もの》が、吸血《きゅうけつ》コウモリとなって、地獄《じごく》の洞窟《どうくつ》を飛《と》び回《まわ》っているのを見《み》た。

㉚

生前《せいぜん》、暴走族《ぼうそうぞく》をやっていた若者《わかもの》たちが、イノシシの群《む》れとなって、崖《がけ》から川《かわ》に飛《と》び込《こ》むのを見《み》た。

㉛

生前《せいぜん》、ホラを吹《ふ》いては逃《に》げていた男《おとこ》が、ヒキガエルとなって、騙《だま》された恨《うら》みから青大将《あおだいしょう》になった女《おんな》に丸《まる》のみされるところを観《み》た。

㉜

生前《せいぜん》、借金《しゃっきん》をしては、倒産《とうさん》を繰《く》り返《かえ》していた男《おとこ》が、ピラニアと化《か》した債権者《さいけんしゃ》たちに、池《いけ》で骨《ほね》になるまで食《く》いつくされるのを見《み》た。

㉝

生前《せいぜん》、親不孝《おやふこう》の限《かぎ》りをつくした息子《むすこ》や娘《むすめ》たちが、アリ地獄《じごく》の砂《すな》に吸《す》い込《こ》まれて、食《た》べられるのを見《み》た。

㉞

生前《せいぜん》、詐欺師《さぎし》だった人《ひと》たちが、文字通《もじどお》りサギの姿《すがた》になって、小魚《こざかな》を、騙《だま》し合《あ》い、取《と》り合《あ》っている姿《すがた》を見《み》た。

㉟

生前《せいぜん》、泥棒《どろぼう》や強盗《ごうとう》をやっていた人《ひと》たちが、番犬《ばんけん》の姿《すがた》になって、罪《つみ》をつぐなっているのを見《み》た。

㊱

生前《せいぜん》、民衆《みんしゅう》を処刑《しょけい》していた軍人《ぐんじん》たちが、鶏《にわとり》の大群《たいぐん》になって、次々《つぎつぎ》と、首《くび》を、鬼《おに》の斧《おの》で斬《き》られていくところを見《み》た。

㊲

生前《せいぜん》、両親《りょうしん》や国家《こっか》のスネかじりをして生《い》きた人々《ひとびと》の魂《たましい》が、ネズミの群《む》れとなってお堂《どう》の柱《はしら》をカリカリとかじっていると、鬼《おに》たちがやって来《き》て、鉄棒《てつぼう》でたたきつぶすところを見《み》た。

㊳

小《ちい》さな蜘蛛《くも》たちが、動物《どうぶつ》の死骸《しがい》のまわりに集《あつ》まっていた。生前《せいぜん》、人々《ひとびと》から小銭《こぜに》をせびっていた人《ひと》たちだった。突然《とつぜん》、火球《かきゅう》が降《ふ》って来《き》て、彼《かれ》らは、丸《まる》焦《こ》げとなった。

㊴

糞尿《ふんにょう》の池《いけ》から、二メートルぐらいのミミズがたくさん出《で》てきた。生前《せいぜん》、肛門《こうもん》セックスをしていたL《エル》G《ジー》B《ビー》T《ティ》Q《キュー》の人《ひと》たちだった。

㊵

黒《くろ》いカラスが急降下《きゅうこうか》して、動物《どうぶつ》たちの背中《せなか》の毛《け》を抜《ぬ》いていた。巨大《きょだい》パンダに化《ば》けた黒鬼《くろおに》と白鬼《しろおに》が、口《くち》から炎《ほのお》を吹《ふ》いて、悪《わる》いカラスを焼《や》き尽《つ》くした。生前《せいぜん》、タカリ屋《や》だった魂《たましい》たちだった。

㊶

血《ち》の池《いけ》の右側《みぎがわ》に、なだらかな丘《おか》のような針《はり》の山《やま》が見《み》えて来《き》た。太《ふと》い注射針《ちゅうしゃばり》のようなものが、五《ご》センチメートルから三十《さんじゅっ》センチメートルの長《なが》さで、地面《じめん》から突《つ》き出《で》ている。

㊷

畳《たたみ》一枚《いちまい》の広《ひろ》さに、針《はり》が五十本《ごじゅっぽん》は突《つ》き出《だ》している。高《たか》い鉄下駄《てつげた》をはいた鬼《おに》たちが、鉄棒《てつぼう》をブンブン振《ふ》り回《まわ》しながら、罪人《ざいにん》たちを頂上《ちょうじょう》へと追《お》い上《あ》げている。

㊸

罪人《ざいにん》とは犯罪人《はんざいにん》だけではない。眼《げん》・耳《に》・鼻《び》・舌《ぜっ》・身《しん》・意《い》（六根《ろっこん》）で仏法真理《ぶっぽうしんり》に反《はん》した行為《こうい》のすべてが裁《さば》かれるのである。

㊹

地上《ちじょう》で二万日《にまんにち》生《い》きて、毎日十個《まいにちじゅっこ》、悪事《あくじ》を働《はたら》いた者《もの》は、累計《るいけい》二《に》十万回《じゅうまんかい》、針《はり》で突《つ》き刺《さ》されて、血《ち》まみれとなる。頂上《ちょうじょう》にたどり着《つ》くまでに、倒《たお》れ込《こ》み、全身《ぜんしん》が針《はり》で突《つ》き刺《さ》される者《もの》もいる。鬼《おに》は、容赦《ようしゃ》なく、亡者《もうじゃ》をつかみ上《あ》げ、また立《た》たせて歩《ある》かせる。

㊺

罪人《ざいにん》は頂上《ちょうじょう》で、わずかな空間《くうかん》を見《み》つけ、生前《せいぜん》の悪業《あくぎょう》の数々《かずかず》を神仏《しんぶつ》に謝罪《しゃざい》する。主《しゅ》として肉体《にくたい》が犯《おか》した罪《つみ》を肉体《にくたい》の痛《いた》みで応報刑《おうほうけい》として受《う》けるのだ。

㊻

鬼《おに》に追《お》われながら、ふもとまで降《お》り、鬼《おに》がいいと言《い》うまで、登《のぼ》り下《くだ》りを繰《く》り返《かえ》す。たいていの人《ひと》は、悪《わる》口《くち》や暴力《ぼうりょく》や、嘘《うそ》や、恥《は》ずかしい行為《こうい》が、ここまで裁《さば》かれるのを驚《おどろ》きながらも、後悔《こうかい》の涙《なみだ》を流《なが》し続《つづ》ける。両親《りょうしん》や先生《せんせい》たちに、無礼《ぶれい》であったことの、一《ひと》つ一《ひと》つも、確実《かくじつ》に裁《さば》かれる。

㊼

針《はり》の山《やま》の向《む》こう側《がわ》には、もっとけわしい山《やま》がそそり立《た》っている。この山《やま》は、びっしりと一面《いちめん》に、地面《じめん》から刀剣《とうけん》の刃《やいば》が突《つ》き出《だ》している。針《はり》の山《やま》では、まだ反省《はんせい》の足《た》りない罪人《ざいにん》たちは、身体《からだ》を切《き》り裂《さ》かれながら、この千《せん》メートル、二千《にせん》メートル級《きゅう》の山《やま》を登《のぼ》らされる。

㊽

亡者姿《もうじゃすがた》で、この刀剣《とうけん》の山《やま》を血《ち》まみれで追《お》い立《た》てられている時《とき》、生前《せいぜん》の肩《かた》書《が》き、地位《ちい》、名誉《めいよ》、勲章《くんしょう》なども、忘《わす》れ始《はじ》める。恐《おそ》ろしい鬼《おに》の叱声《しっせい》しか聞《き》こえない。赤鬼《あかおに》、青鬼《あおおに》、緑鬼《みどりおに》、黄鬼《きおに》、黒鬼《くろおに》、白鬼《しろおに》、茶鬼《ちゃおに》などが、何百人《なんびゃくにん》も獄卒《ごくそつ》のように展開《てんかい》している。

㊾

刀剣《とうけん》で斬《き》られる身体《からだ》の傷《きず》は、人生《じんせい》で知《し》って犯《おか》した罪《つみ》、知《し》らずして犯《おか》した罪《つみ》の数《かず》と同《おな》じになる。

㊿

偉《えら》い立場《たちば》で、多《おお》くの人々《ひとびと》を苦《くる》しめた人《ひと》ほど、罪《つみ》は重《おも》くなる。嘘《うそ》つきは八十《はちじゅっ》センチメートルの鉄《てつ》のやっとこで舌《した》を引《ひ》き抜《ぬ》かれる。美女《びじょ》ばかり追《お》いかけていた者《もの》は、目玉《めだま》をくり抜《ぬ》かれる。間違《まちが》った政治《せいじ》をした者《もの》は、腰斬《ようざん》の刑《けい》に処《しょ》せられる者《もの》もいる。

㉛

ある時《とき》、大釜《おおがま》で煮《に》られている人《ひと》たちを見《み》た。お湯《ゆ》の場合《ばあい》も、油《あぶら》の場合《ばあい》もある。油《あぶら》の方《ほう》が高温《こうおん》なので、罪《つみ》が重《おも》い。

重《おも》い税金《ぜいきん》で国民《こくみん》を苦《くる》しめた財務省《ざいむしょう》の役人《やくにん》や、国税庁《こくぜいちょう》の役人《やくにん》がいた。正《ただ》しい宗教《しゅうきょう》を弾圧《だんあつ》した、政治家《せいじか》、裁判官《さいばんかん》、弁護士《べんごし》もいた。悪質《あくしつ》な霊感商法対策弁護士《れいかんしょうほうたいさくべんごし》は、最《もっと》も高温《こうおん》の油《あぶら》で煮《に》られていた。

㊿52

ある時《とき》、黒縄地獄《こくじょうじごく》を見《み》た。生前《せいぜん》、間違《まちが》った法律《ほうりつ》を作《つく》ったり、間違《まちが》った裁判《さいばん》をやった人々《ひとびと》、間違《まちが》った医《い》療活動《りょうかつどう》をやった人々《ひとびと》が、全裸《ぜんら》に、黒《くろ》い墨縄《すみなわ》を打《う》たれ、鬼《おに》たちに、鋸引《のこぎりび》きされていた。最先端医療《さいせんたんいりょう》をやっていたと豪語《ごうご》する医者《いしゃ》は、外科医《げかい》に化《ば》けた鬼《おに》たちに、電動鋸《でんどうのこぎり》で斬《き》られていた。

㊿3

ある時《とき》、餓鬼霊《がきれい》の群《む》れに出《で》くわした。戦争《せんそう》ばかりやって、民衆《みんしゅう》を飢《う》えさせた将軍《しょうぐん》が、ゾンビの大軍《たいぐん》に食《く》いちらかされているようだった。

54

ある時《とき》、大群《たいぐん》のイナゴに姿《すがた》を変《か》えた飢《う》えた民衆《みんしゅう》が、国王一家《こくおういっか》に襲《おそ》いかかり、彼《かれ》らを、白骨《はっこつ》に変《か》えていくところを見《み》た。

55

ある時《とき》、貸《か》し渋《しぶ》り、貸《か》しはがしをした銀行家《ぎんこうか》が、ハゲタカに、クチバシで、目玉《めだま》も、内臓《ないぞう》も、えぐられていくところを見《み》た。

56

ある時《とき》、嘘《うそ》の投資話《とうしばなし》で金《かね》をもうけていた男《おとこ》が、白蟻《しろあり》の群《む》れのような被害者《ひがいしゃ》の亡霊《ぼうれい》たちに、全身《ぜんしん》を食《く》いつくされるところを見《み》た。

㊼

ある時《とき》、お年寄《としよ》りを騙《だま》して、詐欺《さぎ》をしていた集団《しゅうだん》が、
養殖池《ようしょくいけ》で、多数《たすう》の毒《どく》フグに襲《おそ》われるところを見《み》た。

58

ある時《とき》、生前《せいぜん》、仏陀《ぶっだ》の悪口《わるくち》を言《い》っていた者《もの》が、両手《りょうて》を木《き》の枝《えだ》に縛《しば》られ、黒《くろ》いカラスに生皮《なまがわ》をはがされ、狼《おおかみ》にその肉《にく》を食《く》われるところを見《み》た。

59

ある時《とき》、イエス・キリストを弱《よわ》き神《かみ》と称《しょう》し、殉教《じゅんきょう》して行《い》った人々《ひとびと》を「バカだ」と言《い》っていた人《ひと》が、十字《じゅうじ》架《か》につけられ、茨《いばら》の冠《かんむり》をかぶせられ、五寸釘《ごすんくぎ》を打《う》ち込《こ》まれるところを見《み》た。信仰《しんこう》を捨《す》てた聖職者《せいしょくしゃ》のようだった。

㊿60

ある時《とき》、仏像《ぶつぞう》を盗《ぬす》んで、売《う》り飛《と》ばした男《おとこ》が、ワニの姿《すがた》に変《か》えられて、その皮《かわ》からハンドバッグが作《つく》られるところを目撃《もくげき》した。

郵便はがき

料金受取人払郵便

赤坂局
承認

8335

差出有効期間
2024年9月
30日まで
（切手不要）

107-8790

112

東京都港区赤坂2丁目10−8
幸福の科学出版（株）
読者アンケート係 行

ご購読ありがとうございました。
お手数ですが、今回ご購読いただいた書籍名をご記入ください。

書籍名

フリガナ お名前	男・女	歳
ご住所　〒　　　　　　都道府県		
お電話（　　　　）　　　−		
e-mail アドレス		
新刊案内等をお送りしてもよろしいですか？　[はい（DM・メール）・いいえ]		
ご職業　①会社員　②経営者・役員　③自営業　④公務員　⑤教員・研究者　⑥主婦　⑦学生　⑧パート・アルバイト　⑨定年退職　⑩他（　　　）		

プレゼント&読者アンケート

皆様のご感想をお待ちしております。本ハガキ、もしくは、右記の二次元コードよりお答えいただいた方に、抽選で幸福の科学出版の書籍・雑誌をプレゼント致します。

（発表は発送をもってかえさせていただきます。）

1 本書をどのようにお知りになりましたか？

2 本書をお読みになったご感想を、ご自由にお書きください。

3 今後読みたいテーマなどがありましたら、お書きください。

ご感想を匿名にて広告等に掲載させていただくことがございます。

ご記入いただきました個人情報については、同意なく他の目的で使用することはございません。


ご協力ありがとうございました！

㊶

ある時《とき》、間違《まちが》った宗教《しゅうきょう》の信者《しんじゃ》たちが、砂漠《さばく》の流砂《りゅうさ》に吸《す》い込《こ》まれて、焦熱地獄《しょうねつじごく》で「熱《あつ》い、熱《あつ》い」と叫《さけ》んでいるところを見《み》た。

㊷

ある時《とき》、間違《まちが》った宗教《しゅうきょう》の信者《しんじゃ》が、小《ちい》さなミミズに姿《すがた》を変《か》えられ、池《いけ》に投《な》げ込《こ》まれるのを見《み》た。たくさんのミミズが、猛魚《もうぎょ》に、バクバクと食《た》べられていた。

㊸

ある時《とき》、守銭奴《しゅせんど》が猿《さる》の姿《すがた》に変《か》えられていた。縄《なわ》のついた、くり抜《ぬ》かれたヤシの実《み》に米《こめ》が入《はい》っていた。猿《さる》は、片手《かたて》で米《こめ》をつかんだまま放《はな》さなかった。猟《りょう》師《し》がやってきて、猿《さる》は逃《に》げられずに射《う》ち殺《ころ》された。

64

ある時《とき》、カマキリをカエルが狙《ねら》っていた。そのカエルを蛇《へび》が狙《ねら》っていた。カエルがカマキリを食《た》べ、そのカエルを蛇《へび》がのみ込《こ》んだ時《とき》、タカが蛇《へび》を両足《りょうあし》でつかむと、空高《そらたか》く飛《と》んで行《い》った。

㊅

万引《まんびき》を常習《じょうしゅう》としていた人《ひと》が死《し》んだ。あの世《よ》では、手術台《しゅじゅつだい》に乗《の》せられて、臓器《ぞうき》移植《いしょく》のドナーとして、いろんな臓器《ぞうき》を取《と》り出《だ》された。

66

ある時《とき》、守銭奴《しゅせんど》が川《かわ》に金貨《きんか》を落《お》とした。彼《かれ》は、水《みず》に潜《もぐ》って、金貨《きんか》をふところに集《あつ》めたが、重《おも》さのあまり、浮《う》き上《あ》がれなかった。

67

ある時《とき》、キリスト教《きょう》の軍隊《ぐんたい》とイスラム教《きょう》の軍隊《ぐんたい》が、砂漠地帯《さばくちたい》で戦《たたか》うのを見《み》た。十字軍戦争《じゅうじぐんせんそう》だ。熱砂《ねっさ》の擂《す》り鉢《ばち》に、両軍《りょうぐん》吸《す》い込《こ》まれた。空《そら》に、三十《さんじゅう》メートルもある翼竜《よくりゅう》が現《あら》われて、口《くち》から炎《ほのお》を吹《ふ》きつけると、両軍《りょうぐん》の兵士《へいし》とも黒焦《くろこ》げになった。

68

ある時《とき》、モンゴル（元《げん》）の軍団《ぐんだん》がヨーロッパを席巻《せっけん》した。その後《ご》、ペストが、はやり、三分《さんぶん》の二《に》の人口《じんこう》が死滅《しめつ》した。地獄《じごく》には、ネズミの大軍《たいぐん》と、ゴキブリの大軍《たいぐん》が現《あら》われた。亡者《もうじゃ》の群《む》れだ。何百頭《なんびゃくとう》もの白《びゃく》象《ぞう》が出現《しゅつげん》して、ネズミやゴキブリを踏《ふ》みつぶして駆《か》け抜《ぬ》けた。

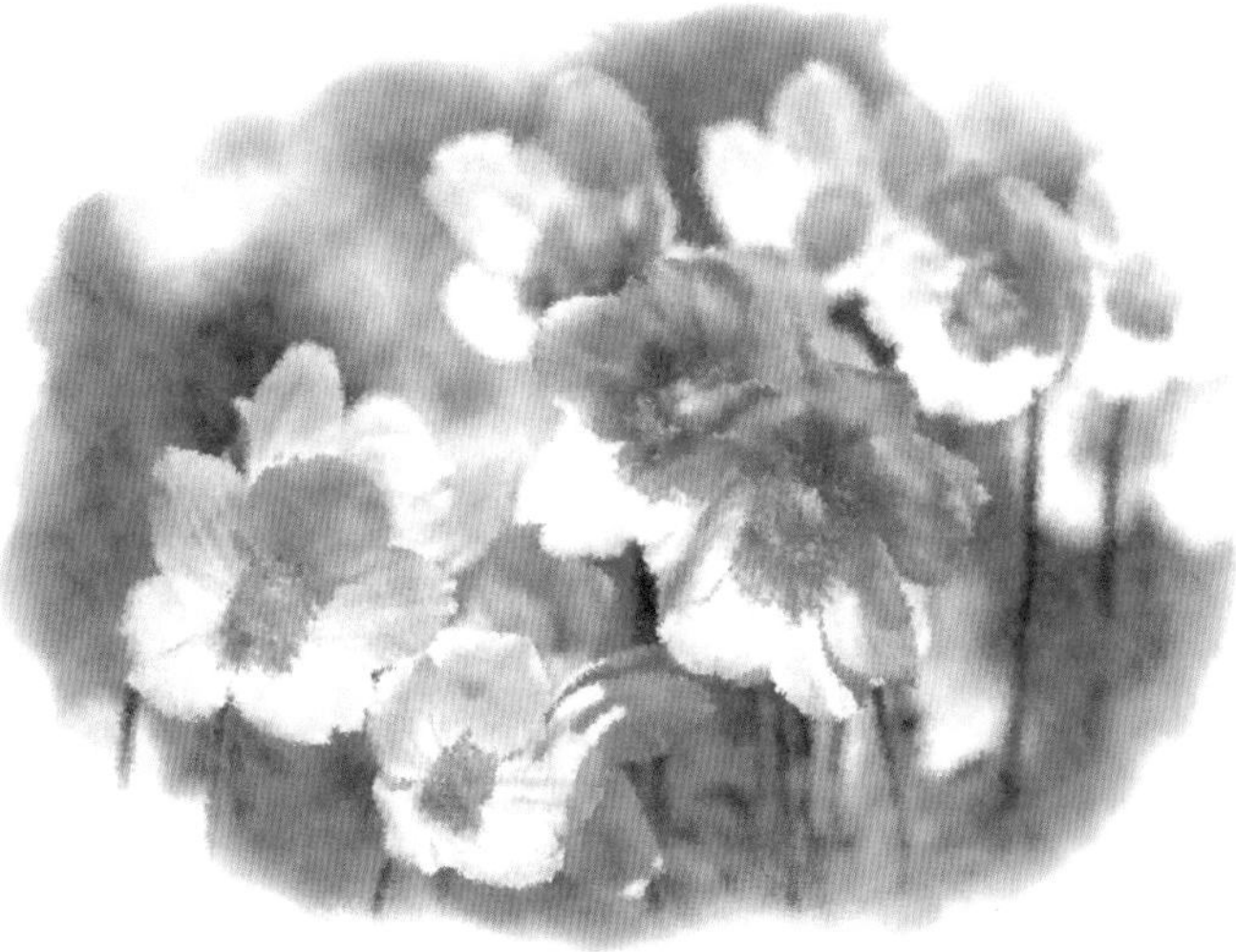

㊾

近未来《きんみらい》のヨーロッパが、寒波《かんぱ》で凍《こお》りついた。地獄《じごく》の住人《じゅうにん》の上《うえ》にも、雪《ゆき》が降《ふ》り積《つ》もった。凍《こお》りついた町《まち》の入口《いりぐち》に、「グレタの町《まち》」という看板《かんばん》がかかっていた。

⑺0

東京大空襲《とうきょうだいくうしゅう》をしたB29《ビーにじゅうく》や、広島《ひろしま》や長崎《ながさき》に原爆《げんばく》を落《お》とした爆撃部隊《ばくげきぶたい》が、「英雄《えいゆう》の町《まち》」と書《か》かれた地獄《じごく》の町《まち》で、新《あたら》しい核爆弾《かくばくだん》を落《お》とされて、「大焦熱地獄《だいしょうねつじごく》」と「阿鼻叫喚地獄《あびきょうかんじごく》」を体験《たいけん》するのを見《み》た。近未来《きんみらい》ビジョンも入《はい》っていたと思《おも》う。

71

ヒットラーとスターリンが地獄《じごく》で、ピストルで決《けっ》闘《とう》した。弾丸《だんがん》を発射《はっしゃ》した後《あと》、二人《ふたり》とも、さらに深《ふか》い井戸《いど》の底《そこ》に落《お》ちた。近所《きんじょ》には、サダム・フセイン用《よう》の井戸《いど》がもう掘《ほ》られていた。

72

日本《にほん》の神々《かみがみ》は、戦争責任《せんそうせきにん》を取《と》らなかった。高天原《たかまがはら》は、妖怪《ようかい》の巣窟《そうくつ》と化《か》し、国民《こくみん》と軍人《ぐんじん》は、何十年《なんじゅうねん》と、火炎《かえん》と飢餓《きが》の中《なか》を逃《に》げまどった。

㊸

ウクライナの狐《きつね》とロシアの熊《くま》が戦《たたか》っている。地獄《じごく》に堕《お》ちている先住民《せんじゅうみん》が、狐料理《きつねりょうり》と熊料理《くまりょうり》の準備《じゅんび》をして、堕《お》ちてくるのを待《ま》っていた。

74

北朝鮮《きたちょうせん》の地獄《じごく》の底《そこ》では、「大将軍《だいしょうぐん》」と称《しょう》される毒蜘《どくぐ》蛛《も》が、洞窟《どうくつ》に大《おお》きな巣《す》を張《は》っていた。地上《ちじょう》の指導《しどう》者《しゃ》たちにも、毒蜘蛛《どくぐも》の糸《いと》がからみついていた。

75

中国《ちゅうごく》の地底《ちてい》では、死神《しにがみ》がウィルス研究所《けんきゅうしょ》を作《つく》っていた。死神《しにがみ》は、全世界《ぜんせかい》を支配《しはい》すると豪語《ごうご》していた。

76

アメリカ合衆国《がっしゅうこく》の地底《ちてい》では、先住民族《せんじゅうみんぞく》を殺《ころ》した白《はく》人《じん》たちが集結《しゅうけつ》して、何種類《なんしゅるい》もの『ハルマゲドン』（最終戦争《さいしゅうせんそう》）研究《けんきゅう》をしていた。

77

地獄《じごく》に堕《お》ちないためには、神仏《しんぶつ》への正《ただ》しい信仰《しんこう》が必要《ひつよう》である。唯物論《ゆいぶつろん》、無神論《むしんろん》、無霊魂論《むれいこんろん》、科学万能《かがくばんのう》主義《しゅぎ》では、天上界《てんじょうかい》には還《かえ》れない。

78

地獄《じごく》は人々《ひとびと》の暗《くら》い想念《そうねん》の曇《くも》りのため、霊太陽《れいたいよう》の光《ひかり》が射《さ》さない。薄墨色《うすずみいろ》の空《そら》の浅《あさ》い地獄《じごく》から、漆黒《しっこく》の闇《やみ》、コールタールを流《なが》したような暗闇《くらやみ》の世界《せかい》が、最《さい》深部《しんぶ》を造《つく》っている。罪《つみ》の重《おも》さによって、何層《なんそう》にも分《わ》かれている。

⑺⑼

仏陀《ぶっだ》を誹謗中傷《ひぼうちゅうしょう》した者《もの》と、正《ただ》しい法《ほう》を迫害《はくがい》した者《もの》は、基本的仏性《きほんてきぶっしょう》が凍結《とうけつ》される。つまり、天上界《てんじょうかい》、極《ごく》楽《らく》に往《ゆ》く資格《しかく》がなくなるのだ。

80

地獄界《じごくかい》の責《せ》め苦《く》でも反省《はんせい》しなかった者《もの》は、一段《いちだん》ずつ下《した》の地獄《じごく》に堕《お》ちる。

㉛

最大級《さいだいきゅう》の悪人《あくにん》は、閻魔《えんま》の法廷《ほうてい》で裁《さば》かれるまでもなく、真逆様《まっさかさま》に無間地獄《むけんじごく》に堕《お》ちる。

㊽

無間地獄《むけんじごく》では、他《た》の人《ひと》の姿《すがた》も見《み》えず、声《こえ》も聞《き》けない。いわゆる「危険犯《きけんはん》」として井戸《いど》の底《そこ》に隔離《かくり》されるのだ。残虐《ざんぎゃく》な政治家《せいじか》、間違《まちが》った思想《しそう》を流布《るふ》した者《もの》、生《せい》前《ぜん》、悪魔《あくま》信仰《しんこう》の指導者《しどうしゃ》をしていた者《もの》たちである。

⑧③

しかし、何千年《なんぜんねん》、何万年《なんまんねん》と地獄《じごく》の最深部《さいしんぶ》で反省《はんせい》もしなかった者《もの》は悪魔《あくま》となって、神仏《しんぶつ》への反逆《はんぎゃく》を試《こころ》み、魔王《まおう》たちを部下《ぶか》に集《あつ》めている者《もの》もいる。

84

悪魔《あくま》や魔王《まおう》は、地上《ちじょう》で大《おお》きな力《ちから》や影響力《えいきょうりょく》を持《も》った者《もの》が、波長同通《はちょうどうつう》する時《とき》、その者《もの》の心《こころ》を乗《の》っ取《と》り、この世《よ》の地獄《じごく》を増大《ぞうだい》させる。

㊽85

悪魔《あくま》に、その心《こころ》と肉体《にくたい》を乗《の》っ取《と》られないためには、日々《ひび》に反省《はんせい》と感謝《かんしゃ》を重《かさ》ねながら、神仏《しんぶつ》に祈《いの》りつつ生《い》きることである。

㊱86

悪魔《あくま》の攻《せ》め道具《どうぐ》は、貪欲《とんよく》であり、怒《いか》りであり、愚《おろ》かさであり、自慢《じまん》の心《こころ》であり、疑《うたが》いであり、間違《まちが》った見解《けんかい》である。

⑧⑦

だから少欲《しょうよく》知《ち》足《そく》が重要《じゅうよう》である。平静心《へいせいしん》が必要《ひつよう》である。いつも、守護《しゅご》・指導霊《しどうれい》が、天上界《てんじょうかい》から地上《ちじょう》の自《じ》分《ぶん》を見守《みまも》っていることを信《しん》じることが大切《たいせつ》だ。

88

うぬぼれは天狗《てんぐ》の心《こころ》であり、修行者《しゅぎょうしゃ》としては転落《てんらく》への道《みち》である。知識《ちしき》や情報《じょうほう》は、悟《さと》りとは違《ちが》う。だから、「疑《うたが》い」のジャーナリズムが「仏国土《ぶっこくど》ユートピア」を創《つく》ることはない。

89

高学歴《こうがくれき》、高収入《こうしゅうにゅう》、うらやましい容貌《ようぼう》が、神《かみ》の証明《しょうめい》ではない。むしろ謙虚《けんきょ》さや、絶《た》えざる精進《しょうじん》、他《た》の人々《ひとびと》への優《やさ》しさ、真《しん》なる愛《あい》こそ、神近《かみちか》き者《もの》の証明《しょうめい》であり、仏《ほとけ》の弟子《でし》の証明《しょうめい》である。

90

正《ただ》しい言葉《ことば》を使《つか》い、正《ただ》しい行為《こうい》をなし、正《ただ》しい生活《せいかつ》をし、正《ただ》しい仕事《しごと》をし、日々《ひび》、世《よ》を照《て》らすことを考《かんが》えよ。

91

救世主《きゅうせいしゅ》や、仏陀《ぶっだ》を殺《ころ》した者《もの》が、許《ゆる》されることはない。
国法《こくほう》も、政治信条《せいじしんじょう》も、マスコミ世論《せろん》も通用《つうよう》しない。

㉒

悪魔《あくま》は、救世主《きゅうせいしゅ》や仏陀《ぶっだ》の、家族《かぞく》や側近《そっきん》を、攻撃《こうげき》するのが常套手段《じょうとうしゅだん》である。真理《しんり》の流布《るふ》を妨害《ぼうがい》した者《もの》は、人《ひと》であれ、霊《れい》であれ、さらに重《おも》い罪《つみ》に問《と》われることになる。

93

正《ただ》しい教団《きょうだん》の分裂《ぶんれつ》をはかったり、地上権力《ちじょうけんりょく》、マスコミ権力等《けんりょくとう》を使《つか》って混乱《こんらん》させた者《もの》は、大阿鼻叫喚《だいあびきょうかん》地獄《じごく》か、無間地獄《むけんじごく》に堕《お》ちる。邪教《じゃきょう》をはびこらせた者《もの》も、同《おな》じである。

㊾

主《しゅ》なる神《かみ》を愛《あい》し、主《しゅ》なる神《かみ》に尽《つ》くし、主《しゅ》なる神《かみ》を護《まも》るために、生命《いのち》を捨《す》てた者《もの》は、地獄《じごく》の業火《ごうか》で焼《や》くことも、地獄《じごく》の刀剣《とうけん》で斬《き》ることも、あらゆる災害《さいがい》で滅《ほろ》ぼすこともできない。

⑮

自己《じこ》保存欲《ほぞんよく》、この世的《よてき》自己実現欲《じこじつげんよく》、この世的《よてき》名誉欲《めいよよく》のために主《しゅ》を利用《りよう》し、自己責任《じこせきにん》をのがれようとした者《もの》は、神《かみ》や仏《ほとけ》、天使《てんし》や菩薩《ぼさつ》を名乗《なの》っても、永遠《えいえん》の業火《ごうか》からのがれることはできない。

96

エル・カンターレのために、自己犠牲《じこぎせい》を払《はら》って、この世《よ》的《てき》に不幸《ふこう》に生《い》きたように思《おも》われた者《もの》も、来世《らいせ》では、天使《てんし》や菩薩《ぼさつ》の救済《きゅうさい》は確実《かくじつ》に来《く》る。

㊻

九十九%《きゅうじゅうきゅうパーセント》の信仰《しんこう》では足《た》りない。仏法真理《ぶっぽうしんり》、霊的真《れいてきしん》実《じつ》のために、百%《ひゃくパーセント》の信仰《しんこう》を目指《めざ》せ。

98

たとえ、天変地異《てんぺんちい》や大戦争《だいせんそう》に巻《ま》き込《こ》まれようとも、主《しゅ》への信仰《しんこう》を護《まも》れ。この世《よ》は仮《かり》の世《よ》である。信仰《しんこう》している自分《じぶん》を守《まも》り抜《ぬ》くことが、全《すべ》てを守《まも》り抜《ぬ》くことになるのだ。

99

エル・カンターレの法《ほう》を広《ひろ》めることが、地獄《じごく》を解消《かいしょう》し、この世《よ》に仏国土《ぶっこくど》ユートピアを建設《けんせつ》することなのだ。

100

信仰《しんこう》は三世《さんぜ》を貫《つらぬ》くものである。たとえ、宇宙《うちゅう》時代《じだい》が到来《とうらい》しても、エル・カンターレの法《ほう》は、全《ぜん》宇宙《うちゅう》を網羅《もうら》していることを信《しん》ぜよ。

あとがき・解説

『地獄《じごく》の法《ほう》』『小説《しょうせつ》　地獄和尚《じごくおしょう》』に続いて、本書、『地獄《じごく》に堕《お》ちないための言葉《ことば》』を読むことで、地獄についての概要《がいよう》が見えてきたことと思う。

本書は、『地獄界探訪《じごくかいたんぼう》』の物語としても書けるものであったので、百の箴言《しんげん》がやや詳《くわ》しくなった。数多くの私の他の著書が、本書を理解するための参考書ともなるだろう。

地獄へ往《ゆ》くかもしれず、あるいは既《すで》に往《い》っている人にとっては、本書を読誦《どくじゅ》してもらうことで、お経のかわりにもなるだろう。
なお、本書の主《しゅ》、仏陀《ぶっだ》、救世主《きゅうせいしゅ》、主《しゅ》なる神《かみ》、エル・カンターレは、ほぼ同じ意味である。

二〇二三年　一月二十四日

幸福《こうふく》の科学《かがく》グループ創始者兼総裁《そうししゃけんそうさい》　大川隆法《おおかわりゅうほう》

地獄《じごく》に堕《お》ちないための言葉《ことば》

2023年 2 月 9 日　初版第 1 刷
2023年10月24日　　　第 5 刷

著　者　　大《おお》 川《かわ》 隆《りゅう》 法《ほう》

発行所　　幸福の科学出版株式会社

〒107-0052 東京都港区赤坂 2 丁目 10 番 8 号
TEL(03)5573-7700
https://www.irhpress.co.jp/

印刷・製本　株式会社 研文社

落丁・乱丁本はおとりかえいたします

ISBN978-4-8233-0411-8 C0014
カバー chempina/Shutterstock.com
装丁・イラスト・写真（上記・パブリックドメインを除く）© 幸福の科学

大川隆法ベストセラーズ・書き下ろし箴言集

妖怪にならないための言葉

1,540 円

嘘、偽善、自己保身……、心の「妖怪性」はあなたの中にもある――。現代社会にも生息する妖怪の実態に迫り、「裏側世界」の真実に迫る一書。

病の時に読む言葉

1,540 円

病の時、人生の苦しみの時に気づく、小さな幸福、大きな愛――。生かされている今に感謝が溢れ出す、100のヒーリング・メッセージ。

コロナ時代の経営心得

1,540 円

未来への不安は、この一書で吹き飛ばせ！ 逆境を乗り越え、真の発展・繁栄の王道を歩むための「経営の智恵」が凝縮された100の言葉。

人格をつくる言葉

1,540 円

人生の真実を短い言葉に凝縮し、あなたを宗教的悟りへと導く、書き下ろし箴言集。愛の器を広げ、真に魅力ある人となるための100の指針。

仕事への言葉

1,540 円

あなたを真の成功へと導く仕事の極意が示された書き下ろし箴言集。ビジネスや経営を通して心豊かに繁栄するための100のヒントがここに。

人生への言葉

1,540 円

幸福をつかむ叡智がやさしい言葉で綴られた書き下ろし箴言集。「真に賢い人物」に成長できる、あなたの心を照らす100のメッセージ。

大川隆法ベストセラーズ・地獄の真実を知る

法シリーズ 第29巻

地獄の法

あなたの死後を決める「心の善悪」

詳細は
コチラ

どんな生き方が、死後、天国・地獄を分けるのかを明確に示した、姿を変えた『救世の法』。現代に降ろされた「救いの糸」を、あなたはつかみ取れるか?

第1章　地獄入門
――現代人に身近に知ってほしい地獄の存在
第2章　地獄の法
――死後、あなたを待ち受ける「閻魔《えんま》」の裁きとは
第3章　呪いと憑依
――地獄に堕ちないための「心のコントロール」
第4章　悪魔との戦い
――悪魔の実態とその手口を明らかにする
第5章　救世主からのメッセージ
――地球の危機を救うために

2,200円

小説　地獄和尚《おしょう》

「あいや、待たれよ。」行く手に立ちはだかったのは、饅頭笠《まんじゅうがさ》をかぶり黒衣に身を包んだ一人の僧だった――。『地獄の法』著者による書き下ろし小説。

1,760円

幸福の科学出版　※表示価格は税込10%です。

大川隆法ベストセラーズ・死後、地獄に堕ちないために

悪魔の嫌うこと

1,760 円

悪魔は現実に存在し、心の隙《すき》を狙ってくる！　悪魔の嫌う3カ条、怨霊《おんりょう》の実態、悪魔の正体の見破り方など、目に見えない脅威から身を護るための「悟りの書」。

地獄に堕ちた場合の心得

「あの世」に還る前に知っておくべき智慧

1,650 円

身近に潜む、地獄へ通じる考え方とは？　地獄に堕ちないため、また、万一、地獄に堕ちたときの「救いの命綱」となる一冊。〈付録〉仏教学者 中村元・渡辺照宏の霊言。

エル・カンターレ 人生の疑問・悩みに答える 霊現象・霊障への対処法

1,760 円

悪夢、予知・占い、原因不明の不調・疲れなど、誰もが経験している「霊的現象」の真実を解明した26のQ&A。霊障問題に対処するための基本テキスト。

地獄の方程式

こう考えたら あなたも真夏の幽霊

1,650 円

どういう考え方を持っていると、死後、地獄に堕ちてしまうのか。その「心の法則」が明らかに。「知らなかった」では済まされない、霊的世界の真実。

色情地獄論

草津の赤鬼の霊言

1,540 円

これは昔話ではない！　現代人の多くが行く「色情地獄」の実態とは──。地獄の執行官・草津の赤鬼が、現代の誤った常識による乱れた男女観をぶった斬る！

色情地獄論②

草津の赤鬼 戦慄の警告

1,540 円

〝普通の恋愛〟をしているつもりでも、来世は地獄行き？　誤った男女関係やLGBTQ等、性的な問題で道を外れた現代人に対し、地獄の執行官・草津赤鬼が一喝！

大川隆法ベストセラーズ・霊的世界の真実を知る

永遠の法
エル・カンターレの世界観

2,200 円

すべての人が死後に旅立つ、あの世の世界。天国と地獄をはじめ、その様子を明確に解き明かした、霊界ガイドブックの決定版。

神秘の法
次元の壁を超えて

1,980 円

この世とあの世を貫く秘密を解き明かし、あなたに限界突破の力を与える書。この真実を知ったとき、底知れぬパワーが湧いてくる！

死んでから困らない生き方
スピリチュアル・ライフのすすめ

1,430 円

この世での生き方が、あの世での行き場所を決める──。霊的世界の真実を知って、天国に還る生き方を目指す、幸福生活のすすめ。

永遠の生命の世界
人は死んだらどうなるか

1,650 円

死は、永遠の別れではない。死後の魂の行き先、脳死と臓器移植の問題、先祖供養のあり方など、あの世の世界の秘密が明かされた書。

あなたは死んだらどうなるか?
あの世への旅立ちとほんとうの終活

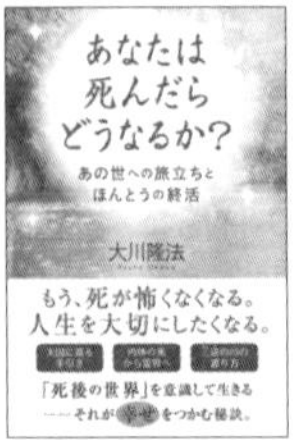

1,650 円

「老い」「病気」「死後の旅立ち」──。地獄に行かないために、生前から実践すべき「天国に還るための方法」とは。知っておきたいあの世の真実。

正しい供養 まちがった供養
愛するひとを天国に導く方法

1,650 円

「戒名」「自然葬」など、間違いの多い現代の先祖供養には要注意！死後のさまざまな実例を紹介しつつ、故人も子孫も幸福になるための供養を解説。

幸福の科学グループのご案内

宗教、教育、政治、出版などの活動を通じて、地球的ユートピアの実現を目指しています。

幸福の科学

一九八六年に立宗。信仰の対象は、地球系霊団の最高大霊、主エル・カンターレ。世界百六十九カ国以上の国々に信者を持ち、全人類救済という尊い使命のもと、信者は、「愛」と「悟り」と「ユートピア建設」の教えの実践、伝道に励んでいます。

（二〇二三年十月現在）

愛

幸福の科学の「愛」とは、与える愛です。これは、仏教の慈悲《じひ》や布施《ふせ》の精神と同じことです。信者は、仏法真理をお伝えすることを通して、多くの方に幸福な人生を送っていただくための活動に励んでいます。

悟り

「悟り」とは、自らが仏の子であることを知るということです。教学《きょうがく》や精神統一によって心を磨き、智慧《ちえ》を得て悩みを解決すると共に、天使・菩薩《ぼさつ》の境地を目指し、より多くの人を救える力を身につけていきます。

ユートピア建設

私たち人間は、地上に理想世界を建設するという尊い使命を持って生まれてきています。社会の悪を押しとどめ、善を推し進めるために、信者はさまざまな活動に積極的に参加しています。

海外支援・災害支援

幸福の科学のネットワークを駆使し、世界中で被災地復興や教育の支援をしています。

毎年２万人以上の方の自殺を減らすため、全国各地でキャンペーンを展開しています。

公式サイト **withyou-hs.net**

自殺防止相談窓口

受付時間　火～土:10～18時（祝日を含む）

TEL **03-5573-7707** メール **withyou-hs@happy-science.org**

視覚障害や聴覚障害、肢体不自由の方々と点訳・音訳・要約筆記・字幕作成・手話通訳等の各種ボランティアが手を携えて、真理の学習や集い、ボランティア養成等、様々な活動を行っています。

公式サイト **helen-hs.net**

入会のご案内

幸福の科学では、主エル・カンターレ 大川隆法総裁が説く仏法真《ぶっぽうしん》理《り》をもとに、「どうすれば幸福になれるのか、また、他の人を幸福にできるのか」を学び、実践しています。

入会

仏法真理を学んでみたい方へ

主エル・カンターレを信じ、その教えを学ぼうとする方なら、どなたでも入会できます。入会された方には、『入会版「正心法語《しょうしんほうご》」』が授与されます。

入会ご希望の方はネットからも入会申し込みができます。

happy-science.jp/joinus

三帰《さんき》誓願《せいがん》

信仰をさらに深めたい方へ

仏弟子としてさらに信仰を深めたい方は、仏《ぶっ》・法《ぽう》・僧《そう》の三宝《さんぼう》への帰依を誓う「三帰誓願式」を受けることができます。三帰誓願者には、『仏説・正心法語』『祈願文《きがんもん》①』『祈願文②』『エル・カンターレへの祈り』が授与されます。

幸福の科学 サービスセンター

TEL 03-5793-1727

受付時間／
火～金：10～20時
土・日祝：10～18時
（月曜を除く）

幸福の科学 公式サイト

happy-science.jp

ハッピー・サイエンス・ユニバーシティ

Happy Science University

ハッピー・サイエンス・ユニバーシティとは

ハッピー・サイエンス・ユニバーシティ（HSU）は、
大川隆法総裁が設立された「日本発の本格私学」です。
建学の精神として「幸福の探究と新文明の創造」を掲げ、
チャレンジ精神にあふれ、新時代を切り拓く人材の輩出を目指します。

人間幸福学部　経営成功学部　未来産業学部

HSU長生キャンパス TEL **0475-32-7770**
〒299-4325 千葉県長生郡長生村一松丙 4427-1

未来創造学部

HSU未来創造・東京キャンパス
TEL **03-3699-7707**
〒136-0076 東京都江東区南砂2-6-5

公式サイト **happy-science.university**

学校法人 幸福の科学学園

学校法人 幸福の科学学園は、幸福の科学の教育理念のもとにつくられた教育機関です。人間にとって最も大切な宗教教育の導入を通じて精神性を高めながら、ユートピア建設に貢献する人材輩出を目指しています。

幸福の科学学園
中学校・高等学校（那須本校）
2010年4月開校・栃木県那須郡（男女共学・全寮制）
TEL **0287-75-7777** 公式サイト **happy-science.ac.jp**

関西中学校・高等学校（関西校）
2013年4月開校・滋賀県大津市（男女共学・寮及び通学）
TEL **077-573-7774** 公式サイト **kansai.happy-science.ac.jp**

仏法真理塾「サクセスNo.1」

全国に本校・拠点・支部校を展開する、幸福の科学による信仰教育の機関です。小学生・中学生・高校生を対象に、信仰教育・徳育にウエイトを置きつつ、将来、社会人として活躍するための学力養成にも力を注いでいます。

TEL **03-5750-0751**（東京本校）

エンゼルプランV

東京本校を中心に、全国に支部教室を展開。信仰をもとに幼児の心を豊かに育む情操教育を行い、子どもの個性を伸ばして天使に育てます。

TEL **03-5750-0757**（東京本校）

エンゼル精舎

乳幼児が対象の、託児型の宗教教育施設。エル・カンターレ信仰をもとに、「皆、光の子だと信じられる子」を育みます。
（※参拝施設ではありません）

不登校児支援スクール「ネバー・マインド」

TEL **03-5750-1741**

心の面からのアプローチを重視して、不登校の子供たちを支援しています。

ユー・アー・エンゼル!（あなたは天使!）運動

障害児の不安や悩みに取り組み、ご両親を励まし、勇気づける、障害児支援のボランティア運動を展開しています。

一般社団法人 ユー・アー・エンゼル
TEL **03-6426-7797**

NPO活動支援

学校からのいじめ追放を目指し、さまざまな社会提言をしています。また、各地でのシンポジウムや学校への啓発ポスター掲示等に取り組む一般財団法人「いじめから子供を守ろうネットワーク」を支援しています。

いじめから子供を守ろうネットワーク

公式サイト **mamoro.org**　ブログ **blog.mamoro.org**
相談窓口 **TEL.03-5544-8989**

100歳 幸福の科学

百歳まで生きる会～いくつになっても生涯現役～

「百歳まで生きる会」は、生涯現役人生を掲げ、友達づくり、生きがいづくりを通じ、一人ひとりの幸福と、世界のユートピア化のために、全国各地で友達の輪を広げ、地域や社会に幸福を広げていく活動を続けているシニア層（55歳以上）の集まりです。

【サービスセンター】TEL **03-5793-1727**

シニア・プラン21

「百歳まで生きる会」の研修部門として、心を見つめ、新しき人生の再出発、社会貢献を目指し、セミナー等を開催しています。

【サービスセンター】TEL **03-5793-1727**

幸福実現党

内憂外患《ないゆうがいかん》の国難に立ち向かうべく、2009年5月に幸福実現党を立党しました。創立者である大川隆法党総裁の精神的指導のもと、宗教だけでは解決できない問題に取り組み、幸福を具体化するための力になっています。

幸福実現党　党員募集中

あなたも幸福を実現する政治に参画しませんか。

＊申込書は、下記、幸福実現党公式サイトでダウンロードできます。
住所：〒107-0052
東京都港区赤坂2-10-8 6階 幸福実現党本部

TEL 03-6441-0754　FAX 03-6441-0764
公式サイト hr-party.jp

HS政経塾

大川隆法総裁によって創設された、「未来の日本を背負う、政界・財界で活躍するエリート養成のための社会人教育機関」です。既成の学問を超えた仏法真理を学ぶ「人生の大学院」として、理想国家建設に貢献する人材を輩出するために、2010年に開塾しました。現在、多数の市議会議員が全国各地で活躍しています。

TEL 03-6277-6029
公式サイト hs-seikei.happy-science.jp

幸福の科学出版

大川隆法総裁の仏法真理の書を中心に、ビジネス、自己啓発、小説など、さまざまなジャンルの書籍・雑誌を出版しています。他にも、映画事業、文学・学術発展のための振興事業、テレビ・ラジオ番組の提供など、幸福の科学文化を広げる事業を行っています。

アー・ユー・ハッピー?
are-you-happy.com

ザ・リバティ
the-liberty.com

幸福の科学出版
TEL **03-5573-7700**
公式サイト **irhpress.co.jp**

THE FACT

YouTubeにて
随時好評
配信中!

ザ・ファクト
マスコミが報道しない
「事実」を世界に伝える
ネット・オピニオン番組

ザ・ファクト 検索

NEW STAR PRODUCTION

ニュースター・プロダクション

「新時代の美」を創造する芸能プロダクションです。多くの方々に良き感化を与えられるような魅力あふれるタレントを世に送り出すべく、日々、活動しています。 公式サイト **newstarpro.co.jp**

ARI Production

ARI《アリ》 Production《プロダクション》

タレント一人ひとりの個性や魅力を引き出し、「新時代を創造するエンターテインメント」をコンセプトに、世の中に精神的価値のある作品を提供していく芸能プロダクションです。 公式サイト **aripro.co.jp**